HABILIDADES DE ATENCIÓN AL CLIENTE PARA DIRECTIVOS

HABILIDADES DE ATENCIÓN AL CLIENTE PARA DIRECTIVOS

Serie " Habilidades directivas para directivos "
Por: D.K. Hawkins
Versión 1.1 ~Septiembre 2021
Publicado por D.K. Hawkins en KDP
Copyright ©2021 por D.K. Hawkins. Todos los derechos reservados.

Ninguna parte de esta publicación puede ser reproducida, distribuida o transmitida en cualquier forma o por cualquier medio, incluyendo fotocopias, grabaciones u otros métodos electrónicos o mecánicos, o por cualquier sistema de almacenamiento o recuperación de información, sin el permiso previo por escrito de los editores, excepto en el caso de citas muy breves incorporadas en reseñas críticas y algunos otros usos no comerciales permitidos por la ley de derechos de autor.

Quedan reservados todos los derechos, incluido el de reproducción total o parcial en cualquier formato.

Toda la información contenida en este libro se ha investigado cuidadosamente y se ha comprobado su exactitud. Sin embargo, el autor y el editor no garantizan, expresa o implícitamente, que la información contenida en este libro sea apropiada para cada individuo, situación o propósito y no asumen ninguna responsabilidad por errores u omisiones.

El lector asume el riesgo y la plena responsabilidad de todas sus acciones. El autor no será responsable de ninguna pérdida o daño, ya sea consecuente, incidental, especial o de otro tipo, que pueda resultar de la información presentada en este libro.

Todas las imágenes son de uso gratuito o han sido adquiridas en sitios de fotografías de stock o libres de derechos para uso comercial. Para la elaboración de este libro me he basado en mis propias observaciones y en muchas fuentes diferentes, y he hecho todo lo posible por comprobar los hechos y dar el crédito que corresponde. Si se utiliza algún material sin la debida autorización, le ruego que se ponga en contacto conmigo para corregir el error.

La información proporcionada en este libro tiene únicamente fines informativos y no pretende ser una fuente de asesoramiento o análisis crediticio con respecto al material presentado. La información y/o los documentos contenidos en este libro no constituyen un asesoramiento legal o financiero y nunca deben utilizarse sin consultar primero con un profesional financiero para determinar qué puede ser lo mejor para sus necesidades individuales.

El editor y el autor no ofrecen ninguna garantía ni promesa sobre los resultados que puedan obtenerse al utilizar el contenido de este libro. Nunca debe tomar ninguna decisión de inversión sin consultar primero con su propio asesor financiero y realizar su propia investigación y diligencia debida. En la medida en que lo permita la ley, el editor y el autor declinan toda responsabilidad en caso de que la información, los comentarios, los análisis, las opiniones, los consejos y/o las recomendaciones contenidos en este libro resulten ser inexactos, incompletos o poco fiables, o den lugar a pérdidas de inversión o de otro tipo.

El contenido de este libro no pretende constituir ni constituye un asesoramiento jurídico o de inversión y no se establece ninguna relación abogado-cliente. El editor y el autor proporcionan este libro y su contenido "tal cual". El uso que usted haga de la información contenida en este libro es por su cuenta y riesgo.

ÍNDICE DE CONTENIDOS.

ÍNDICE DE CONTENIDOS. 4

INTRODUCCIÓN. 6

CAPÍTULO 1 9

    Desarrollo del servicio de atención al cliente para el crecimiento personal de los directivos. 9

CAPÍTULO 2 17

    ¿Está manejando a los clientes o gestionando los traumas en el servicio de atención al cliente? 17

CAPÍTULO 3 26

    Componentes importantes de un servicio de atención al cliente excepcional que debe conocer. 26

CAPÍTULO 4 31

    Cómo comunicar a sus clientes su capacidad superior de servicio al cliente. 31

CAPÍTULO 5 35

    Competencias de servicio al cliente y sus momentos importantes para la excelencia. 35

CAPÍTULO 6 40

    Qué puede hacer un directivo para cambiar el mal servicio al cliente. 40

CAPÍTULO 7 46

Cómo resolver las quejas sobre el servicio de atención al cliente. 46

CAPÍTULO 8 50

La contribución del directivo al desarrollo de una cultura de servicio al cliente. 50

CAPÍTULO 9 56

Los pasos cruciales para un servicio de atención al cliente excepcional. 56

CAPÍTULO 10 63

Servicio al cliente y desarrollo de una cultura de alto rendimiento. 63

CAPÍTULO 11 70

Mejore de la noche a la mañana sus habilidades de atención al cliente. 70

CONCLUSIÓN. 77

INTRODUCCIÓN.

Los directivos de éxito reconocen la importancia de ofrecer una experiencia excepcional a los clientes. Dirigir un negocio que depende de los "nuevos" clientes es costoso. Si se ofrece un servicio de atención al cliente excelente y constante, se puede convertir a los clientes en clientes habituales y fieles.

Hacer que un cliente se sienta bienvenido y valorado requiere saber cómo tratar una queja, saludar a un cliente y hacer que se sienta apreciado. Los resultados de una empresa se benefician cuando los empleados comprenden y ofrecen sistemáticamente este nivel de servicio en todo momento.

A menudo, estos son los talentos más difíciles de adquirir en el trabajo, pero repercuten en el servicio al cliente y en los objetivos de gestión. Los directivos tienen una oportunidad única de inculcar este importante conjunto de habilidades en sus equipos, demostrando y haciendo gala ellos mismos de estos importantes rasgos de servicio al cliente.

Cuando los directivos tienen habilidades efectivas de servicio al cliente, proporcionan un refuerzo real a su infraestructura de ventas y marketing y dan poder al personal importante que contribuye significativamente a su éxito a largo plazo.

El servicio al cliente es importante, y nadie puede convencerle de lo contrario. Llevo una década utilizando estas técnicas de atención al cliente que se comentan en este LIBRO, y estoy aquí para decirle que funcionan. Los clientes empezarán a reconocerle por su nombre y se acercarán a saludarle cada vez que entren en su tienda u organización.

Considere la posibilidad de revisar su enfoque de atención al cliente como gerente si quiere aumentar sus ventas y su rentabilidad. Si algo no está bien, corríjalo inmediatamente. Este es un método excelente para aplicar mejoras en su organización: téngalo en cuenta. ¿Está preparado para desarrollar o perfeccionar sus habilidades de atención al cliente? Si es así, empecemos.

CAPÍTULO 1

Desarrollo del servicio de atención al cliente para el crecimiento personal de los directivos.

Un trabajo es importante para el desarrollo de una persona, no sólo por sus necesidades sino también por su crecimiento personal, y adquirir habilidades de atención al cliente ayudará a este crecimiento personal. Aunque el trabajo no sea fácil, también puede ser bastante gratificante.

Los trabajos de atención al cliente que antes se externalizaban en su mayor parte están empezando a volver, lo cual es una buena noticia para los interesados en entrar en este campo. Las personas que se incorporen a este campo de trabajo también tendrán muchas perspectivas de ascenso y, posiblemente, futuras funciones directivas en el sector.

Aunque antes muchas empresas daban poca importancia a la asistencia al cliente debido a la falta de interacción cara a cara con los clientes a través de Internet, esto ya no es así. Los envíos se realizaban y las quejas de los consumidores no se tenían debidamente en cuenta, como ocurre con la atención al cliente.

Sin embargo, como resultado de la competencia, se ha producido un giro completo y ahora se emplean ampliamente las habilidades efectivas de atención al cliente, con resultados positivos para las empresas que las practican. Los clientes que reciben la información que buscan y, al mismo tiempo, ven que se resuelven sus problemas, siempre volverán.

Las empresas de hoy en día quieren que todos sus consumidores estén satisfechos y contentos. Por ello, mejorar el servicio de atención al cliente es siempre una prioridad. Hoy en día también hay cursos que enseñan a mejorar las habilidades de atención al cliente; son cursos que pueden impartirse a la plantilla de una empresa concreta.

Pueden adoptar la forma de seminarios, ya que la formación en atención al cliente no tiene por qué ser oficial. Si los seminarios se imparten de forma intensiva, los participantes tendrán una buena oportunidad de adquirir valiosos conocimientos.

Las personas pueden adquirir habilidades de atención al cliente en su primer empleo. Se trata de comprender los deseos de los clientes poniéndose en su lugar. Esto sólo puede ser sentido común, que una persona entenderá fácilmente. Sin embargo, no todo el mundo lo entenderá inmediatamente; muchos lo harán. Mientras que algunos querrán más tiempo para comprenderlo completamente, otros lo tomarán con calma.

Mientras que algunas personas aprenden y comprenden el valor de la asistencia al cliente y sus beneficios para sus carreras particulares, puede que les falte la motivación para esforzarse más. Un excelente servicio de atención al cliente puede allanar el camino para el crecimiento personal en su profesión. Este puede ser su camino hacia el crecimiento futuro y quizás hacia puestos de dirección.

Esto es posible incluso sin una formación formal en la línea de servicio de atención al cliente. Su excelente rendimiento como empleado y su papel en la prestación de un excelente servicio de atención al cliente le servirán de base para crecer y ascender.

En cualquier negocio, un excelente servicio de atención al cliente sienta las bases para que los clientes estén encantados. Sin embargo, los consumidores satisfechos no sólo benefician a las ventas, sino a todos. Tanto los vendedores como los agentes telefónicos de atención al cliente pueden beneficiarse de los consumidores satisfechos.

Todo el mundo ha visitado alguna vez una tienda o negocio en el que un empleado ha ido más allá de lo solicitado. Es posible que haya tenido un camarero excelente que nunca dejó su bebida sola, o que un vendedor haya vuelto inmediatamente con un par de pantalones de otra talla. Todo el mundo ha tenido un empleado que le ha ayudado, y necesitaba informar al director de sus logros.

Ir más allá de los requisitos mínimos del trabajo le hará destacar en cualquier situación profesional. Asegurarse de que cada cliente al que asiste está lo más satisfecho posible le ayuda a parecer un empleado excelente. Esto es increíblemente satisfactorio cuando un cliente expresa su opinión o cuando la dirección observa el esfuerzo adicional que usted pone en su trabajo.

No debe temer preguntar a la dirección sobre una posible formación en atención al cliente si necesita ayuda en este ámbito. Lo más probable es que un DVD sobre atención al cliente u otros materiales de formación para empleados le proporcionen las herramientas que necesita para satisfacer y superar las expectativas de los consumidores.

Todo el mundo trabaja por dinero, y cuanto más dinero gane, mejor será. Entonces, ¿cuál es el mejor enfoque para aumentar tus ganancias?

Perseguir un ascenso. El positivismo y la superación de las normas de trabajo son las mejores maneras de iniciar el camino hacia el ascenso.

Muchos empleados desean ascender pero no tienen ni idea de cómo conseguirlo, y mucho menos de cómo hacerse notar. Por desgracia, no existe una estrategia infalible para el éxito, ya que el mundo cambia constantemente. Sin embargo, la única estrategia segura para aumentar su visibilidad en el lugar de trabajo es ser un representante de atención al cliente excepcional y perfeccionar sus habilidades de atención al cliente.

A nadie le gusta la perspectiva de interactuar con un vendedor malhumorado. Tanto si la sonrisa es auténtica como si es artificial, una sonrisa y una persona alegre hacen que los clientes se sientan más bienvenidos. A la inversa, hablar con un cliente en un tono "alegre" y "feliz de estar en el trabajo" le incitará a volver y a hacerle cualquier otra pregunta.

El conocimiento de los productos que vende o el conocimiento exhaustivo de la organización para la que trabaja facilitará la respuesta a las consultas. También demostrará a tus jefes que te preocupas.

Si un consumidor se pone en contacto con usted con una pregunta, no ayuda a sus esfuerzos de promoción si se ve obligado a remitirlo a otro empleado. Además, podría enviar la promoción al otro colega, lo que no parece adecuado a los ojos de los clientes ni de la dirección.

Crear una experiencia de bienvenida para el consumidor puede ayudarle a destacar entre los asociados que no dan prioridad a la satisfacción del cliente. Ser conocido por ir más allá de las tareas que le asignan sus superiores puede ganarle una reputación favorable, lo que se traduce en un ascenso más rápido.

Los empleadores contratan y trabajan para mantener a los empleados que contribuyen al éxito de su organización, ¿verdad? Por lo tanto, haz un esfuerzo adicional para gratificar al cliente y posicionarte para el éxito.

Matricularse en clases de formación profesional que enseñen habilidades de atención al cliente también puede ayudar a desarrollar las habilidades de atención al cliente. Esto puede lograrse en su tiempo libre, al tiempo que establece y refuerza su historial profesional, lo que beneficia su desarrollo y avance personal.

Puede obtener buenas credenciales a través de los cursos ocupacionales que realice y de los seminarios y la formación a la que asista. Todos estos factores aumentarán tus perspectivas de ascenso y la posibilidad de obtener puestos de dirección, aunque esto puede no ser fácil debido a la gran demanda de estos puestos.

Sin embargo, tus habilidades de atención al cliente te serán muy útiles.

CAPÍTULO 2

¿Está manejando a los clientes o gestionando los traumas en el servicio de atención al cliente?

Las auditorías trimestrales de atención al cliente deben abarcar todos los aspectos del servicio al cliente, desde el momento en que un cliente entra en la sala de exposición hasta el servicio y las piezas, pasando por la asistencia posventa y el marketing. En esencia, los directivos deben preguntarse: "¿Estamos dando prioridad a nuestros clientes, nuestro activo más valioso?"

Estos exámenes deben ser minuciosos pero no complicados y, en general, deben seguir estos seis procedimientos.

Primer paso: ¿Están arraigados en la cultura de la organización los métodos de tratamiento de los clientes y la excelencia del servicio al cliente?

Desde el nivel de gestión más bajo hasta el más alto, cada empleado debe considerar el servicio al cliente como un aspecto intrínseco de su trabajo.

En el futuro, la atención al cliente será tan rutinaria como respirar, usar el teléfono móvil o tomar una taza de café cada mañana. No es necesario exagerar para causar una excelente primera impresión y, con frecuencia, son los pequeños detalles los que se quedan con los clientes. Piénsalo así:

- Una devolución puntual de una llamada telefónica

- Un saludo o una sonrisa sincera y agradable

- Una tarjeta para conmemorar una ocasión maravillosa, como el aniversario de la compra de un automóvil.

- Una carta de agradecimiento

- Cada empleado se saluda con un saludo agradable durante cada interacción.

Todos los empleados deben ir más allá para garantizar que cada cliente se sienta bienvenido. Ya sea por teléfono, en persona o en línea, incluso si el cliente colabora con otro empleado.

Como parte del proceso de atención al cliente, asegúrese de que se recogen y documentan los datos correctos y estandarizados de cada cliente. Utilice sistemas automatizados para programar horas, tipos y fechas de seguimiento y asegúrese de que se siguen los procesos.

Segundo paso: ¿respondemos a cada consumidor de forma rápida y personal?

Los gerentes, los equipos de ventas y los trabajadores del servicio pueden responder a cada consumidor de forma inmediata e individual. Cada empleado debe ponerse en el lugar de sus clientes, visualizar cómo les gustaría ser tratados y comportarse en consecuencia.

¿Los representantes de ventas se ponen en contacto con los clientes para conocer su nivel de satisfacción con las ofertas?

¿Se ha puesto en contacto el departamento de servicio técnico para concertar una cita?

Un servicio de atención al cliente proactivo es tan importante como responder a sus problemas y consultas. Examine los procesos existentes que se han creado para captar cada encuentro para responder a las futuras consultas de los clientes de forma eficiente y con información precisa.

Desconecte la respuesta automática en Internet: cada solicitud debe ser individualizada y respondida por un humano del concesionario, no por una máquina. Los gestores deben validar este sistema enviando una consulta mediante una cuenta de correo electrónico no asociada al concesionario.

Tercer paso: ¿Nos comunicamos proactivamente con nuestros clientes?

Mantener a los clientes y utilizarlos como referencias requiere una comunicación eficaz. Es fundamental mantener a los clientes informados sobre el estado de sus vehículos, tanto si se trata de coches nuevos pedidos a otro concesionario o a la fábrica como de vehículos que están siendo revisados o actualizados.

Los protocolos de atención al cliente deben identificar explícitamente qué hacer en caso de un cambio que pueda afectar a la satisfacción del cliente. Si el automóvil de un cliente se va a retrasar, hay que notificárselo lo antes posible e informarle honestamente de la situación. Si a un cliente se le promete un coche para una fecha concreta y se retrasa, infórmele inmediatamente y con sinceridad sobre cuándo espera que se solucione el problema.

¿Están los sistemas de distribución de boletines informativos automatizados para dar actualizaciones del concesionario y del fabricante, noticias y otras informaciones?

¿Se utilizan los datos de los clientes para hacer una prospección en función de los hitos familiares que pueden hacer necesaria la compra de un coche (el decimosexto cumpleaños de un hijo o su graduación)?

Cuarto paso: ¿Estamos elogiando a nuestros consumidores de forma visible y continua?

Las operaciones de atención al cliente deben demostrar un sentimiento de bienvenida y aprecio por los clientes desde el momento en que se les saluda y a lo largo de toda su experiencia, incluida la posventa y el servicio. Verificar que los protocolos definen cómo recoger sus datos, averiguar sus necesidades y ponerles en contacto con un asociado que pueda ayudarles a comprar el coche o los servicios que desean.

¿Se recibe a los consumidores que visitan el concesionario o el departamento de servicio con una sensación de bienvenida?

¿Se ofrecen servicios básicos como café, agua y un espacio cómodo para sentarse?

¿Tenemos a mano una cesta con juguetes si los niños acompañan a sus padres?

Menos distracciones dan lugar a una experiencia más agradable, lo que se traduce en más ventas. Y lo más importante, ¿expresamos nuestra gratitud al consumidor por su visita, su interés, su tiempo y su compra?

Quinto paso: ¿Solicitamos la opinión de los clientes y actuamos en consecuencia?

Examine los mecanismos establecidos para recoger las opiniones de los clientes.

¿Les enviamos tarjetas de respuesta predirigidas o una encuesta por correo electrónico solicitando su opinión sobre su experiencia?

¿Con qué frecuencia se solicita su opinión?

¿Qué se hace con las opiniones recibidas?

Adapte las operaciones de atención al cliente para satisfacer mejor las necesidades de todos los clientes basándose en las opiniones directas y exprese su gratitud a los consumidores que le ayudan a marcar la diferencia.

¿Se planifican actos de agradecimiento a los clientes, como talleres y proyecciones VIP?

¿Se recogen y analizan los datos de estos incidentes para obtener más opiniones?

Sexto paso: ¿Estamos experimentando constantemente con nuevos enfoques para ofrecer un servicio superior?

Aunque el servicio al cliente es el deber de todos los empleados, comienza con el concesionario. Los gerentes son responsables de enseñar habilidades de servicio al cliente superiores, pero también deben modelar estos comportamientos para su personal como líderes. La excelencia en la atención al cliente requiere saber que la responsabilidad principal es ayudar a las personas a seleccionar el automóvil correcto, no vender vehículos.

Las revisiones trimestrales de la atención al cliente permiten a los directivos analizar sus procesos de atención al cliente y determinar si estos procesos se siguen de forma coherente. En lugar de hacer frente a las catástrofes de los clientes, los directivos pueden utilizar estos datos para emitir juicios racionales sobre la mejora de la experiencia del cliente.

CAPÍTULO 3

Componentes importantes de un servicio de atención al cliente excepcional que debe conocer.

¿Qué factores contribuyen a una experiencia de servicio al cliente excepcional y gratificante? Si usted es un cliente, es la sonrisa en su cara tras una transacción indolora y el objetivo de comprar en esa empresa muchas veces.

Desde el punto de vista de una empresa, es una síntesis de muchos factores importantes. Conozca los principios de un excelente servicio de atención al cliente que se exponen a continuación y que le ayudarán a ganar clientes que repitan y a atraer a otros nuevos.

Para garantizar unas transacciones fluidas, utilice un software/herramienta de confianza que le permita recopilar información importante del cliente, como datos de contacto, preferencias de productos/servicios, historial de compras y métodos de pago. El sistema debe estar a disposición de todos los empleados para facilitar la gestión de los datos.

Naturalmente, su equipo debe estar perfectamente formado para manejar el sistema.

Resolución proactiva de problemas - Un equipo de atención al cliente proactivo y con visión de futuro trabaja para anticipar y resolver posibles problemas. Es sencillo ser proactivo. Pregunte a sus clientes qué les gusta y qué no les gusta de sus productos y/o servicios.

Permita que le indiquen lo que desean modificar o mejorar. Esto permite a su organización identificar rápidamente las áreas de descontento de los consumidores y desarrollar una estrategia para abordarlas con eficacia.

Formación y desarrollo continuos: otro componente importante para ofrecer un buen servicio al cliente es la formación frecuente del personal. Aparte de que el personal necesita una formación de actualización periódica, la formación también les ayuda a perfeccionar sus habilidades de atención al cliente.

Además, los productos y equipos y las metodologías de atención al cliente evolucionan constantemente. La formación mantendrá a sus empleados informados de la evolución del mercado y, eventualmente, de las nuevas formas de deleitar a sus clientes.

Amabilidad y ayuda - La amabilidad y la ayuda pueden demostrarse en persona, por teléfono o incluso en línea. Sin embargo, esto es especialmente cierto y visible para el personal que trabaja directamente con los clientes.

Recuerde que una simple sonrisa y un saludo pueden causar una gran impresión en un consumidor. Ayude a los clientes lo mejor que pueda con sus pedidos, consultas y dificultades. Asegúreles que está más que dispuesto a ayudarles con sus necesidades.

La puntualidad se refiere a la satisfacción constante de las demandas de los consumidores en cuanto a la entrega, los tiempos de respuesta y el cumplimiento de los pedidos. Como organización centrada en el cliente, su objetivo es minimizar los tiempos de espera. Los clientes no son los más indulgentes, así que establezca un plazo justo y cúmplalo. Avise a los clientes si puede haber retrasos y manténgalos informados del estado.

Calidad del producto y/o del servicio - Sus clientes valoran mucho la calidad de su oferta. Es fantástico tener los mejores productos/servicios del mercado. Sin embargo, no siempre es así.

En ocasiones, los clientes buscan un producto o servicio aceptable porque tienen un presupuesto limitado. Por ello, asegúrese de que el producto o servicio que ofrece cumple las expectativas de su mercado objetivo.

Aunque esto pueda parecer poca cosa, es un aspecto importante a la hora de ofrecer un excelente servicio al cliente. El entorno puede adoptar la forma de una tienda física o de una tienda en Internet.

¿Está su tienda limpia y ordenada?

¿Su sitio web es intuitivo y está bien diseñado?

Tenga en cuenta estos detalles aparentemente insignificantes, ya que tienen un impacto significativo en sus consumidores y clientes potenciales.

Para cultivar adecuadamente una cultura de servicio al cliente dentro de su organización, cada miembro del personal debe conocer y comprender cinco componentes importantes de un servicio al cliente excepcional. Cuando se lleven a cabo con éxito, su empresa se beneficiará sin duda de la retención de los clientes existentes y de la captación de otros nuevos.

CAPÍTULO 4

Cómo comunicar a sus clientes su capacidad superior de servicio al cliente.

Esta es una pregunta que se hacen a menudo los responsables o representantes de atención al cliente. Sólo quieren asegurar a los clientes que no tienen nada que temer porque saben cómo proporcionarles lo que desean, pero no pueden hacerlo con respeto.

Es simplemente una falta de respeto informar a los consumidores de que "soy un experto o sé lo que hago" o "tranquilo, señor; conozco mi trabajo". A menudo, incluso con más de una década de experiencia en la atención al cliente, me encuentro con este problema. El remedio más sencillo es hacerles saber que estás preparado para ser un fantástico gestor o representante de atención al cliente.

Evite las decepciones.

Los representantes del servicio de atención al cliente, y me refiero a representantes realmente excelentes y experimentados, a menudo informan de que les han dicho "no tienes tanta experiencia, no estás a la altura o no eres el mejor en lo que haces". Es el momento incómodo en el que hay que mantener la compostura y abstenerse de decepcionarse.

Lo afirman porque no tienen el concepto de ser el mejor en su trabajo. No es el resultado lo que determina al mejor. Lo que te convierte en el mejor es tu preocupación por el resultado. Por lo tanto, debes mantener la compostura y evitar la decepción.

Aunque reconozca que eres un experto, siempre hay espacio para mejorar. Tómate la afirmación con calma; en cambio, aprovecha la oportunidad para desarrollarte. No respondiendo, sino simplemente continuando con su trabajo, puede demostrar que es un experto dando un excelente servicio al cliente.

En lugar de intimidar, demuestre aprecio.

Demuestre a sus clientes lo que desean. Concéntrese en sus necesidades en lugar de intimidar sus opiniones e interpretarlas negativamente. En lugar de irritarse por sus palabras y enfoques desagradables, sea servicial. Esto, sin duda, demostrará sus habilidades a su clientela.

Por encima de todo, acepta.

Si no les proporcionas (a los clientes) lo que desean o exigen, sin duda se quejarán a tu jefe o a una autoridad superior; es así de sencillo y descortés. Cuando ocurra algo que no debería ocurrir, acéptelo con suavidad.

Sea proactivo en lugar de reactivo. Evite expresar su enfado o culpar al consumidor; acéptelo y esfuércese por mejorar. Una vez más, hay margen de mejora cuando se trata de ofrecer un servicio al cliente excepcional.

No es fácil, ¿verdad? Para ser sinceros, nada es tan sencillo. Recuerde siempre que se gana trabajando. Si conversas, pierdes. Por lo tanto, absténgase de replicar; realice su trabajo y sus consumidores comprenderán que tiene experiencia y que es realmente el mejor en lo que hace; no tendrá que decírselo. Estamos encantados de ofrecer un servicio al cliente superior.

Proporcionar un excelente servicio al cliente permite a una empresa retener a los clientes existentes y atraer a otros nuevos. Por lo tanto, un servicio de atención al cliente superior permite que una empresa prospere y se desarrolle.

CAPÍTULO 5

Competencias de servicio al cliente y sus momentos importantes para la excelencia.

Una superestrella de la atención al cliente es empática, agradable y servicial. ¿Presta atención? Escuchar es la cúspide de su cortesía. La calidad del compromiso con el cliente es el eje de un servicio de atención al cliente excepcional.

Esto requiere que trate a los consumidores con dignidad, respeto y consideración. La fidelidad de los clientes se ve mermada por la mala actitud del personal y la falta de respeto. ¿Es lógico? Es lógico.

¿Lo ha oído bien?

Considere las siguientes dos estrategias para trabajar con personas y consumidores. La primera es un enfoque egocéntrico de las relaciones interpersonales. Esto indica que tu énfasis principal está en ti mismo y no en los demás.

Lo que más importa es lo que te ocurre, cómo te afecta y por qué te disgusta o te gusta. Si algo no sale como usted quiere, se agita, se frustra y se enfurece y comunica sus sentimientos a los demás. Este es el método incorrecto de atención al cliente. Se debe a una falta de madurez o a una actitud insensible. La despreocupación es una enfermedad que hay que curar.

El enfoque alternativo está centrado en los demás. Tu objetivo aquí es ayudar a los demás, concretamente a los consumidores o a los compañeros de trabajo. Ayude a otras personas a conseguir lo que quieren, y usted conseguirá lo que quiere", comentó Bob Conklin, un hombre de negocios muy exitoso y respetado. Fíjate en cómo lo dijo. Primero ayudas, y recibes.

Cuando se hace con honestidad e integridad, se trata de un enfoque solidario. En otras palabras, te preocupas por las consecuencias de tus acciones. Les deseas lo mejor y haces todo lo posible por ayudarles. Este es un requisito previo para las superestrellas del servicio al cliente.

Tu compromiso con el cliente puede clasificarse en cuatro categorías. Las definiciones son las siguientes:

Momento de la verdad; cualquier acción que realice y que repercuta directamente en la percepción que los clientes tienen de usted (recuerde que usted es la empresa para la que trabaja) o de su organización.

Momento de decepción; cuando no se cumplen las expectativas del cliente. Se trata de un servicio deficiente.

Momento de desempeño inadecuado; cuando usted sólo satisface las expectativas del cliente. Se trata de un nivel de servicio estándar.

El momento mágico se produce cuando se superan las expectativas del cliente. Este es un caso de servicio al cliente superior.

El propósito de una superestrella del servicio al cliente es tratar a los consumidores mucho mejor de lo que esperan, autogestionando cada momento importante de la verdad para garantizar que el cliente reciba un servicio excelente. Considere lo que le impresiona a usted como cliente para determinar qué hacer. Considere también lo que espera que hagan los representantes de atención al cliente.

Todo servicio excepcional comienza con la deferencia y la amabilidad. A continuación, el proveedor de servicios debe ser atractivo y optimista. Esto puede implicar hacer algunas preguntas y prestar atención a los objetivos o necesidades del cliente. El proveedor de servicios debe empezar inmediatamente a resolver el problema del cliente.

Esto puede incluir la aclaración del producto o servicio, la oferta de alternativas, la resolución de una preocupación o problema, o simplemente la toma de un pedido. Una conclusión satisfactoria del servicio al cliente implica un resumen, comentarios positivos finales y un agradecimiento. Los mejores proveedores de servicios están constantemente buscando formas de aportar valor.

Todo esto se logra dentro del área de los momentos importantes de nuestro trabajo. Es una ciencia en el sentido de que hay que seguir procedimientos particulares. Es una forma de arte porque lo infundes con tu individualidad y estilo mientras tratas a cada consumidor como un individuo. Esta es la esencia de un rockstar del servicio al cliente.

CAPÍTULO 6

Qué puede hacer un directivo para cambiar el mal servicio al cliente.

¿De quién es la culpa?

Póngase en cualquier cola de salida y vea la cara de desánimo. Llame a su proveedor de servicios y escuche la voz del desinterés. En el lugar de trabajo, el engaño, el abuso, la desconfianza, la desorganización, la mentira y el engaño están muy extendidos. Las empresas y los departamentos están plagados de negatividad, chupando la vitalidad de los individuos encargados de "amar a sus consumidores".

Muchos nos preguntamos por qué la gente no está más entusiasmada con sus profesiones en una época de escasez. Como directores generales y gerentes, debemos dar un ejemplo positivo e infundir a nuestros profesionales de la atención al cliente energía positiva para el cliente y para los demás.

Para averiguar si hay un problema subyacente que no se ha abordado, los directivos, gerentes y supervisores deben formular algunas preguntas desafiantes.

"Haz lo que digo, no lo que hago".

Observar que el jefe hace excepciones a las normas para sí mismo y para los favoritos elegidos pone en tela de juicio cualquier norma que la organización intente establecer. Además, confunde al equipo sobre las expectativas y las sanciones.

Los empleados sólo harán lo necesario para garantizar su supervivencia o la de la organización en su conjunto. Esto conducirá a la apatía. En el futuro habrá una escasez de empleados atentos, lo que hará imposible ofrecer un servicio al cliente excepcional.

Considere lo siguiente:

1) ¿He utilizado alguna vez palabras malsonantes?

2) ¿Me refiero a mis empleados o clientes como imbéciles, estúpidos, inútiles o cualquier otro término despectivo?

3) ¿Distingue entre clientes internos y externos?

4) ¿Hago hincapié en expresar mi gratitud y aprecio?

5) ¿Sonrío?

6) ¿Mantengo el contacto visual con las personas?

Si no se ha dado cuenta de que sus respuestas a las preguntas 1 a 3 deben ser negativas y sus respuestas a las preguntas 4 a 6 deben ser afirmativas, es razonable suponer que no está predicando con el ejemplo.

La buena noticia es que estas seis preguntas pueden convertirse en planes de acción para ti personalmente. Cuanto más te cambies a ti mismo, más transformarás tu organización o departamento.

"Doy por sentado que es consciente".

Como consultor, a menudo oigo a los directivos ensalzar las virtudes de su equipo de atención al cliente. Asimismo, los empleados de atención al cliente afirmarán que se esfuerzan al máximo. Sin embargo, al escuchar las interacciones reales con los clientes, suele surgir una evidente brecha de comunicación o de servicio. Las herramientas que les faltan pueden ser tecnológicas o informativas, pero lo más frecuente es que les falte lo que nuestras abuelas llamaban "gracias sociales".

Las gracias sociales son un conjunto de habilidades que permiten a alguien comunicarse educadamente en situaciones sociales. Incluyen la conducta, la etiqueta, el comportamiento y la moda. Como gestores, damos por sentado que todo el mundo entiende, si no está de acuerdo, que las gracias sociales son también normas empresariales.

Para nuestra sorpresa, ahora tenemos toda una generación de profesionales que prefieren los mundos virtuales o los mensajes de texto a los compromisos cara a cara. Estos empleados pueden ser inconscientes de su falta de etiqueta profesional, lo que afecta directamente a la impresión que tienen de sus consumidores.

¿Qué puede hacer un directivo para evitar caer en la trampa de hacer suposiciones generales?

1) Realizar un análisis del trabajo del departamento para ver qué herramientas o habilidades faltan.

2) Establezca un programa de tutoría. Utilice su talento interno para educar y servir de caja de resonancia para algunas de las interacciones humanas más complicadas que se producen. Esto puede ser un beneficio significativo para un nuevo empleado o un empleado joven.

3) Incorpore un programa de vigilancia de llamadas o de Comprador Secreto de terceros que sea

útil para eliminar los defectos. A menudo, el propósito de estos programas es concentrarse exclusivamente en los aspectos positivos de la actuación del representante de atención al cliente.

CAPÍTULO 7

Cómo resolver las quejas sobre el servicio de atención al cliente.

Independientemente de su perspectiva, el servicio de atención al cliente es un componente importante de toda organización, mucho más en tiempos económicos difíciles. El servicio de atención al cliente es mucho más que funcionar como punto de contacto con el cliente. Cuando se lleva a cabo correctamente por personal cualificado, puede aumentar significativamente los ingresos, la lealtad de los clientes y la retención.

Un área importante es lo que se conoce como escucha activa. Esto incluye el comportamiento que refleja la alineación de una empresa con sus clientes.

Aunque todos deseamos que nos escuchen, una persona experta en atención al cliente puede dominar este deseo. En lugar de dedicar tiempo a formular sus pensamientos y determinar la forma más eficaz de comunicar sus opiniones, escucha activamente.

Esto significa que puede escuchar atentamente mientras hace los ruidos apropiados e inserta palabras en la conversación para demostrar que está siguiendo la línea de pensamiento del cliente.

Cómo resolver las quejas en siete sencillos pasos.

Para tratar las quejas de forma eficaz, debe demostrar sus habilidades y su capacidad para gestionar los problemas. Para lograrlo, siga estos siete pasos.

Paso 1; Comience por pedir disculpas de forma honesta e inequívoca. Informe al cliente de que acepta la responsabilidad y de que piensa ayudarle a encontrar una solución aceptable. Cuanto antes demuestre al cliente que está de su lado, mejor.

Paso 2: La escucha activa es importante. Pregunte todo lo que pueda para obtener la mayor cantidad de información posible y, al mismo tiempo, demuestre al consumidor que está interesado en su problema. La escucha activa requiere que emitas sonidos positivos para demostrar que estás prestando atención. Evite interferir a toda costa.

Paso 3: Los oyentes activos suelen repetir los mensajes clave recibidos al cliente o a otra persona con la que interactúan para asegurarse de que se han captado los puntos clave. Aunque no es necesario estar de acuerdo en todo, proporciona un marco para minimizar los malentendidos.

Paso 4: Determinar los deseos del cliente. A menudo, no están seguros de lo que desean. De hecho, pueden estar buscando una salida a su descontento. Evite el error de buscar una solución demasiado pronto; en su lugar, escúcheles.

Paso 5: Demuestre siempre empatía con el cliente. Esto demuestra que compartes sus sentimientos y que realmente quieres arreglar la situación.

Nunca adoptes una posición defensiva. Si eres realmente hábil, puedes ser capaz de calmar a alguien igualando su tono y su ritmo. Una buena forma de actuar es mantener la calma en todo momento, aunque se aconseje precaución, porque esto podría interpretarse como enfado hacia su cliente.

Paso 6: Es posible que tenga que realizar una investigación adicional, pero acuerde primero un calendario, aunque no pueda resolver la situación inmediatamente. Asegúrese de que entiende lo que ha acordado hacer y de que le devuelve la llamada cuando dijo que lo haría, aunque sólo sea para informarle de que el asunto va a llevar más tiempo de lo previsto.

Paso 7: Si es posible, dirija las preocupaciones a un departamento de atención al cliente o a un gerente que asuma la responsabilidad; esto le permitirá tomar medidas preventivas para evitar que se repita. Una vez rectificado el problema, considere si puede superar realmente las expectativas del cliente. Una reclamación bien gestionada podría aumentar la fidelidad del consumidor.

CAPÍTULO 8

La contribución del directivo al desarrollo de una cultura de servicio al cliente.

Como gestor, puede tomar tres medidas importantes para crear, promover y mantener una cultura de servicio al cliente en la organización.

¿Su personal se limita a servir a los clientes o se preocupa realmente por ayudarles a resolver sus problemas?

¿Comprenden que cada interacción con sus consumidores internos o externos es un momento decisivo?

¿Son conscientes de que su encuentro influirá en que el consumidor perciba a su organización como útil, amable y accesible, o como fría, desinteresada e inoportuna?

1. Cree una declaración de misión de servicio al cliente. Este proceso comienza con la determinación de la influencia sustancial de los servicios de su organización en los clientes internos y externos.

Considere las ventajas que su producto o servicio proporciona a sus clientes, además de las cualidades obvias. Por ejemplo, un fabricante de sistemas de frenos antibloqueo hace algo más que crear un producto. Su producto, al final, salva vidas.

A continuación, describa la imagen que desea transmitir a sus clientes. Por ejemplo, la declaración de la misión de un centro de llamadas podría ser la siguiente "Asumir la responsabilidad de cada llamada, gestionar adecuadamente cada solicitud, despachar con eficiencia y comunicar eficazmente para lograr la completa felicidad del cliente".

Como otro ejemplo, la declaración de objetivos de J.B. Hunt Transportation es "Proporcionar el mejor servicio y soluciones para maximizar la productividad y la felicidad del cliente".

Por último, conciba un método para dar vida a esta imagen. Esto incluirá los dos pasos siguientes: garantizar que tanto el personal como los procesos organizativos se centren en el cliente.

2. Inculcar una mentalidad de servicio al cliente y centrarse en su personal. El compromiso de cada empleado con los clientes debe apoyar el propósito de servicio al cliente.

Examine los "momentos de la verdad" durante los cuales sus clientes interactúan con su empresa. Desea que sus empleados se muestren alegres y receptivos durante estos momentos de forma constante.

Recuerde que el servicio al cliente es una obligación compartida por todos los empleados. No se limita a las personas que trabajan en la recepción o en el mostrador de servicio. Es imposible prever cuándo un cliente puede ponerse en contacto con su empresa.

Destaque y enfatice las características y habilidades importantes del servicio al cliente que se requieren para cumplir con el propósito de servicio al cliente de su organización. Por ejemplo, el primer punto de contacto para los clientes potenciales suele ser el recepcionista.

Esta persona debe ser amable, accesible, hospitalaria y servicial. Los empleados encargados de resolver los problemas de los clientes deben tener una gran capacidad de escucha, comunicación y resolución de problemas.

A la hora de reclutar nuevo personal, haga hincapié en el servicio al cliente; al seleccionar las solicitudes, incorpore entrevistas de comportamiento para preguntar cómo manejan diversos escenarios de servicio al cliente. Después de contratar al equipo, desarrolle normas y métricas de rendimiento cualitativas y cuantitativas para verificar que se utilizan las habilidades de atención al cliente adecuadas durante las interacciones con los clientes.

3. Asegúrese de que los sistemas, normas y procedimientos de la organización apoyan la misión de atención al cliente. Ponga a sus trabajadores en la incómoda situación de poseer el deseo y la capacidad de ofrecer un servicio al cliente excepcional pero carecer de los sistemas o procedimientos necesarios para llevarlo a cabo.

Faculte al personal más cercano a la situación del cliente para que tome decisiones importantes sobre la resolución. Reconocer y abordar las incoherencias en los objetivos de rendimiento. Por ejemplo, evitar colocar al personal en una situación de "Catch-22" en la que se espera que satisfaga a los clientes y al mismo tiempo se le evalúe en función del número de clientes atendidos en un periodo concreto.

Asegúrese de que cuando un departamento se compromete con un cliente, los demás departamentos pueden mantener ese compromiso. Crear sistemas de incentivos para recompensar a los clientes que prestan un servicio superior. Realice encuestas a los consumidores y, cuando sea posible, actúe en función de sus respuestas.

Compruebe que los trabajadores tienen la formación y las herramientas necesarias para ofrecer el nivel adecuado de atención al cliente. Déles los recursos que necesitan para tener éxito en su trabajo. Manténgalos al día sobre cualquier modificación de la política que pueda afectar a sus clientes.

Asimismo, revise los formularios y otros trámites que los clientes deben cumplimentar para asegurarse de que son lo más sencillos posible, incluyendo ejemplos de formularios cumplimentados e instrucciones explícitas sobre cómo conseguirlos.

Si usted y sus empleados se preguntan constantemente: "¿Cómo afectará a mis clientes lo que estoy haciendo o lo que pretendo hacer?" y toman las medidas oportunas en función de la respuesta a esa pregunta, habrá establecido eficazmente una cultura de servicio al cliente.

CAPÍTULO 9

Los pasos cruciales para un servicio de atención al cliente excepcional.

Un excelente servicio al cliente es un componente importante de cualquier negocio o contacto profesional. Ofrecer al consumidor una experiencia satisfactoria y agradable suele ser la diferencia entre el éxito y el fracaso. Mientras que un excelente servicio al cliente es fácil de notar, desempeñarse como profesional es considerablemente más desafiante.

Como gerente, gran parte de mi comprensión del servicio al cliente provino de la interacción directa con los clientes. Cuando empecé mi primer trabajo al salir de la universidad, descubrí que utilizaba algunos de los talentos que había adquirido anteriormente, además de algunas estrategias más adaptadas a mi puesto.

Es posible que muchos nuevos profesionales carezcan de experiencia en el servicio al cliente en puestos anteriores. La falta de una comprensión fundamental de un excelente servicio al cliente puede ser perjudicial para la carrera de una persona en cualquier campo.

Comprender algunos principios fundamentales puede ayudar a un nuevo experto a garantizar que los clientes salgan encantados de sus interacciones.

El primer paso para ofrecer un servicio de atención al cliente excepcional es establecer una conexión personal. La importancia de decir su nombre y preguntar en qué puede ayudar es importante para crear el tono de la conversación.

Preste atención a cómo interactúa un camarero con los comensales en cualquier restaurante. Siempre se toman el tiempo necesario para saludar al cliente y establecer una relación cordial. Aunque este paso puede parecer trivial, es la base de cualquier servicio de atención al cliente excepcional. Además, ayuda a que el cliente se sienta cómodo y te hace parecer más accesible.

Además, es importante no restar importancia a las dificultades del cliente. Como gestor, a menudo recibo preguntas que ya he respondido; sin embargo, hago que cada conexión sea lo más personal posible. Aunque pueda haber tratado un problema similar con otro cliente, suponer que mi cliente actual está luchando con el mismo problema es peligroso. Cada problema es único y requiere una respuesta individualizada.

La escucha activa es una forma de asegurarse de que se ofrece una atención personalizada, incluso para los problemas más comunes.

Permitir que el cliente exprese su problema o preocupación sin interrumpirlo y volver a plantear su problema para garantizar la claridad son dos enfoques para promover la escucha activa y un excelente servicio al cliente.

Cuando se presta un servicio de atención al cliente, es importante evitar las suposiciones sobre el grado de comprensión de la situación por parte del consumidor. La resolución de problemas con los clientes debe empezar siempre por lo más básico y avanzar a partir de ahí.

Tengo una serie de preguntas sencillas que hago a todos los consumidores que tienen un problema. Al cubrir estos aspectos básicos, que pueden ser tan sencillos como recargar una página web, me aseguro de que se hayan agotado todas las soluciones posibles antes de pasar a otras más complejas.

Todo servicio de atención al cliente debe esforzarse por lograr el mayor grado posible de satisfacción del cliente. Hacer un esfuerzo adicional para resolver un problema o responder a una pregunta puede tener una influencia significativa. Al principio, me centraba totalmente en solucionar los problemas de los clientes, pero a medida que avanzaba en mi carrera, me di cuenta de que era importante asegurarse de que el problema no volviera a producirse en el futuro.

Identificar el origen del problema o dotar al cliente de los conocimientos necesarios para resolverlo por sí mismo añade un grado de servicio que marca la diferencia en una relación profesional.

Lamentablemente, habrá ocasiones en las que el problema de un cliente no pueda solucionarse por teléfono o durante una visita a la tienda. En algunos casos, puede ser necesaria una reacción escalada para resolver el problema. El envío de un producto de un día para otro, el envío de un técnico o la devolución del dinero son soluciones aceptables para las dificultades más graves.

Al escalar una situación, es importante proporcionar un plazo y garantizar una respuesta. Además, es importante obtener toda la información necesaria para garantizar que el problema se resuelva sin necesidad de más contactos con el cliente; ¡asegurar que su próxima interacción ofrezca una solución es un objetivo!

Por último, no hay garantía de que el consumidor se mantenga sereno y tranquilo durante el chat. Puede irritarse o volverse agresivo si la respuesta que le propones no se ajusta a sus necesidades.

Mantener la cabeza fría y abstenerse de levantar la voz cuando se habla por teléfono es importante si este es el caso. No es raro que dé a la persona en cuestión uno o dos minutos antes de plantear el problema a la alta dirección.

Permitir que un supervisor aborde el asunto demuestra al cliente que sus preocupaciones son importantes y ayuda a aliviar la tensión durante la charla. En circunstancias extremas, como cuando un cliente hace amenazas o tiene un comportamiento violento, está bien pedir que la persona se vaya o interrumpa la llamada, aunque esta es una respuesta extrema.

Ofrecer un excelente servicio al cliente es un talento que todo profesional puede adquirir. La mayoría de las transacciones de atención al cliente concluirán de forma positiva si se centran en el tono, la escucha activa y la prestación de un servicio excelente.

Dado que el desarrollo de habilidades lleva tiempo, no hay que tener miedo de probar nuevas formas o estrategias. Sólo experimentando con nuevas formas puede desarrollarse como profesional y mejorar sus habilidades de atención al cliente.

CAPÍTULO 10

Servicio al cliente y desarrollo de una cultura de alto rendimiento.

La cultura de equipo tiene un impacto significativo en el rendimiento de nuestro equipo de atención al cliente y en la calidad del servicio que ofrecemos a nuestros clientes. El factor más importante es la CULTURA DE EQUIPO.

Nuestro objetivo en el Servicio de Atención al Cliente es que cada uno de nuestros Clientes reciba un Servicio de Atención al Cliente superior y una experiencia con nuestra organización que supere sus expectativas en cada llamada a nuestra organización. Cada persona que llame tendrá una experiencia positiva que le incitará a volver y hacer más compras.

Para lograr este objetivo, contratamos a candidatos cualificados, los formamos bien y los compensamos de forma justa. ¿Asegurará esto, por tanto, que este nuevo miembro del equipo pueda proporcionar un servicio de atención al cliente excepcional en el futuro? Quizás una pregunta más pertinente es si el nuevo miembro del equipo intentará producir una conclusión exitosa para nuestros clientes y para nosotros.

La influencia de la cultura de equipo.

Esta es una pregunta difícil porque la respuesta es muy individualizada y depende de la persona que la responda. Depende mucho más del carácter del equipo en el que se encuentra, de la cultura de ese grupo en particular. A los pocos días de la instrucción, el grupo impactará significativamente en el pensamiento de este nuevo individuo.

Hablarán de su papel y de los clientes a juego. 'Todos estos clientes son idiotas; nunca escuchan bien'. Los clientes nos culpan constantemente de cosas que no son nuestra responsabilidad". 'Nuestros productos no son de calidad, por eso nuestros clientes están constantemente insatisfechos'.

Cada una de estas frases refleja una cultura diferente del equipo. Cada cultura se reconoce, y sus miembros se comportarán de forma predecible con sus clientes: la cultura dictará el comportamiento. Cada uno de los escenarios anteriores ilustra cómo cada grupo responderá de una manera que ciertamente NO resultará en una excelente experiencia de Servicio al Cliente.

Por ejemplo, un equipo que se cree experto y superior a estos clientes realmente analfabetos será duro e impaciente con sus interlocutores. Se niegan a mostrar sus habilidades delante de sus clientes y son poco receptivos a las instrucciones. ¡¡¡El Equipo Agresivo cree que ellos no son el problema, sino que la culpa es de los clientes!!!

Lo intrigante de la cultura de equipo es lo omnipresente que es. Los nuevos miembros llegan rápidamente a creer que la visión del mundo del Equipo es exacta y de "sentido común". Otras declaraciones casuales hechas por los miembros del

Equipo distinguen rápidamente entre las Culturas de Equipo sumisa y pasivamente agresiva.

Adoptan las creencias y actitudes que promueven esa Cultura de Equipo específica, que da forma a las normas de comportamiento del Equipo - lo que es y no es un comportamiento aceptable dentro de este grupo. Si queremos mejorar el rendimiento del equipo, primero debemos cambiar nuestras CREENCIAS.

Creencias de un equipo de atención al cliente de éxito.

Un equipo de atención al cliente de alto rendimiento posee una cultura de equipo distinta, denominada cultura asertiva y centrada en el cliente. Tienen un conjunto de actitudes, creencias y normas de comportamiento que GARANTIZAN un rendimiento extraordinario con sus clientes y los impulsan a crecer constantemente.

Recuerde que la Cultura de Equipo se deriva de los ideales compartidos por el equipo. Logramos esta Cultura Asertiva y Centrada en el Cliente definiendo las creencias deseadas y fomentándolas y apoyándolas continuamente dentro de nuestra Cultura de Equipo.

Es posible cambiar la cultura de una organización o incluso de un solo equipo. Cambiamos la cultura intentando cambiar nuestras creencias.

Las ideas fundamentales son las siguientes

1. Esta es una buena organización en la que vale la pena trabajar; y

2. Lo que hacemos como empresa añade VALOR a nuestros consumidores. (Incluye la superación de las expectativas)

3. Valoramos a nuestros clientes. Los factores externos son esenciales. Los clientes internos también son clientes

4. TODOS somos parte de esta empresa, unidos por un objetivo común.

5. Como equipo, tenemos un papel vital en la realización de nuestro Objetivo Compartido.

6. El éxito de nuestro Objetivo Compartido en equipo depende de mi trabajo, y mis esfuerzos son valiosos.

7. Este Equipo tiene siete miembros, y cada uno de ellos forma parte de él. Es responsabilidad de cada miembro del equipo cumplir con los estándares del Líder del Equipo. Las expectativas de los clientes son gestionadas y superadas por todos.

8. El éxito es deseable; el éxito es deseable.

9. Para tener éxito, debemos mejorar continuamente, tanto individualmente como en calidad de equipo de alto rendimiento.

10. Somos un buen equipo - y en un mes o un año, seremos un equipo aún mejor.

Estas creencias son esenciales para el éxito del Servicio de Atención al Cliente. Si usted es un miembro del equipo directivo, anime a sus jefes a mejorar una creencia al mes. Si es un jefe de equipo, siga el mismo procedimiento. Colabore con el equipo sobre cómo podemos mejorar cada creencia. Verá rápidamente los beneficios en términos de aumento del rendimiento, la motivación y la felicidad laboral.

CAPÍTULO 11

Mejore de la noche a la mañana sus habilidades de atención al cliente.

Sea cual sea el método que utilice, es fundamental hacer un seguimiento de sus niveles de servicio al cliente para aumentar la retención de clientes.

¿Cómo puede cuantificar el servicio al cliente?

¿Lo cuantifica por el número de veces que vuelven a su establecimiento?

¿Lo cuantifica por el número de referencias que recibe?

¿O lo mide por las tarjetas postales colocadas en cada mesa para solicitar la opinión de los clientes?

Otra cosa que quiere es un consumidor molesto con los servicios de su negocio. Este tipo de consumidor contará a casi diez personas sus experiencias negativas en su negocio.

Sin embargo, si este mismo consumidor se lo ha pasado estupendamente en su establecimiento, puede que sólo se lo cuente a unas tres personas. No es mucho, pero es mucho mejor que informar a diez personas sobre el servicio deficiente que recibieron.

Ya has oído esta frase, pero sigue siendo cierta: "Recuerda siempre que el cliente siempre tiene la razón".

Aunque la mayoría de nosotros no nos adherimos al nuevo enfoque de "el cliente siempre tiene razón", observé que algunos compañeros de trabajo se lo tomaban en serio. Cuando trabajaba como abeja obrera para un gran minorista, hacían hincapié en esto a todos los presentes. Lamentablemente, esa frase se les escapó y siguieron realizando sus tareas como de costumbre.

Este es otro ejemplo de cómo tratar a los clientes como si fueran oro. Solía trabajar en un establecimiento donde el jefe instruía a los empleados a "tratar a cada cliente como si fuera un rey". Lo creas o no, esto se me pasó por alto, pero seguí con la entrevista de todos modos.

No, pero honestamente, debes tener una estrategia sólida de atención al cliente a la que tanto tú como tu personal podáis adheriros. Esto podría incluir un saludo a la entrada. Simples modificaciones de la política de esta naturaleza establecen la profesionalidad y dan a los clientes la impresión de que usted es alguien que sabe lo que está haciendo.

Si lo considera, no es una idea descabellada. Hacer que los consumidores estén satisfechos beneficia a su negocio y aumenta las referencias de los clientes existentes. Sin embargo, no se moleste en ir allí si no cree que un testimonio con algún cliente merece la pena.

Si quiere que los clientes repitan, haga hincapié en el servicio al cliente. Gestos tan sencillos como la forma de hablar a la gente y el trato que les das tendrán un impacto significativo. Espero sinceramente que ya esté utilizando estas prácticas de servicio al cliente en su organización.

Ken Blanchard, un gurú de la gestión, lo expresó mejor cuando afirmó: "Históricamente, un líder era un jefe. Los líderes de hoy deben colaborar con sus seguidores; ya no pueden gobernar exclusivamente basándose en la autoridad posicional".

Las prácticas empresariales eficaces comienzan en la cima y descienden. Esta regla también se aplica a las técnicas sólidas de atención al cliente. Si la dirección trata a los consumidores con respeto, los empleados harán lo mismo.

Los directivos que muestran aprecio por el personal poniéndose a disposición de los consumidores inspirarán a los que están bajo su supervisión a hacer lo mismo. Este enfoque global de un gran servicio al cliente beneficia a toda la organización y ayuda a retener a los clientes.

¿Cómo puede adoptarse con éxito esta técnica en una organización?

Visibilidad de la gestión.

La dirección debe ser considerada como un miembro del equipo.

¿Es ésta la percepción que sus empleados y consumidores tienen de la dirección de su organización?

¿Tienen los clientes que ponerse siempre en contacto con el director si tienen un problema?

¿No es preferible que el director esté en la tienda, sea visible de inmediato y establezca conexiones con los clientes en igualdad de condiciones con los demás empleados?

Cuando se trata de la visibilidad de la dirección, la percepción es importante.

La dirección debe ser receptiva.

¿Se siente el personal cómodo dirigiéndose a sus jefes con sugerencias para mejorar el servicio al cliente?

Si no creen que puedan hacerlo, es posible que se pierdan algunas sugerencias que pueden ayudar a retener a los consumidores actuales y atraer a otros nuevos. Los empleados deben poder dirigirse a la dirección, pero los clientes también deben entender que la dirección puede ayudarles.

Cuando un cliente intenta resolver un problema, una de las peores impresiones que puede llevarse es que la dirección es temible. La dirección debe colaborar en la resolución del problema lo antes posible.

El método descendente puede requerir que la dirección reciba una formación de repaso sobre el servicio al cliente. Es necesario que se les recuerde periódicamente que el cliente es el componente más importante de cualquier operación comercial de éxito.

Una vez que la dirección haya establecido este concepto en su mentalidad corporativa, la cultura de servicio al cliente puede prosperar realmente dentro de una organización, cosechando los beneficios de una mayor conexión con los clientes y la moral de los empleados.

Si quiere seguir siendo rentable y tener éxito en los negocios, debe adherirse a estos fundamentos del marketing. Debe seguir un método paso a paso para atraer a los clientes a su establecimiento y convencerles de que vuelvan a comprarle una y otra vez (¡y proporcionar una referencia le ayudaría!).

CONCLUSIÓN.

Los directivos deben poseer una excepcional capacidad de atención al cliente para satisfacer adecuadamente las necesidades de los demás. Esto va más allá del deber de garantizar que los clientes estén satisfechos con sus compras de productos y servicios. Se discutirá lo que se puede hacer para facilitar esto.

Hay muchas áreas en las que la dirección puede enseñar a su personal cuando está regularmente en contacto con los clientes. Se espera que los empleados demuestren atención al consumidor.

De este modo, pueden relacionarse y simpatizar cuando sea necesario. Esto no significa actuar con falsedad, sino con autenticidad. Los que viven en Estados Unidos como extranjeros lo notarán y lo disfrutarán.

De hecho, se sentirá apreciado como resultado, lo que hace que el esfuerzo merezca la pena. Cualquiera que entre en el negocio lo notará, y preferirá tratar con la persona que se preocupa por ella antes que con la que no lo hace.

El respeto es una exigencia constante. Las empresas pueden inculcarlo a sus trabajadores demostrando la forma correcta de interactuar con todos los consumidores. Por ejemplo, un método para lograrlo es a través de los modales.

Pueden organizar una clase particular o una sesión de formación para facilitarlo. Todos están obligados a participar en ejercicios de role-playing y a aprobar el curso antes de trabajar con cualquier otra persona de la organización.

Cuando un consumidor pregunta por un artículo, se le entrega rápidamente. El servicio al cliente implica ir más allá de lo que se le pide en ese momento. Esto puede incluir dejar que la persona se pruebe el artículo antes de completar la compra.
Cuando alguien actúa de esta manera, demuestra un liderazgo de servicio al dar prioridad a las necesidades

de los demás sobre las suyas propias. El consumidor está extasiado.

En contra de la creencia general, el cliente no siempre tiene razón. Cuando se recibe una queja, la dirección ha instruido al empleado sobre cómo manejarla con éxito. A veces, esto puede suponer un periodo de humildad. La capacidad de tener éxito en esta situación requiere paciencia. En cualquier caso, el objetivo es satisfacer a todos los clientes.

Las habilidades de servicio al cliente permiten a una persona desempeñarse bien en su carrera. El objetivo es satisfacer a los consumidores, independientemente de si son correctos o incorrectos. Todos tendrán éxito si desarrollan la paciencia, la superación de las expectativas, la etiqueta, el respeto y la sensibilidad.

Mucha suerte!

Habilidades de gestión para directivos

1. Gestión del tiempo para directivos
2. Coaching de empleados para directivos
3. Creación de equipos para directivos
4. Confianza en sí mismo para directivos
5. Habilidades de negociación para directivos
6. Habilidades de atención al cliente para directivos
7. Asertividad para directivos

www.ingramcontent.com/pod-product-compliance
Lightning Source LLC
Chambersburg PA
CBHW070121230526
45472CB00004B/1358